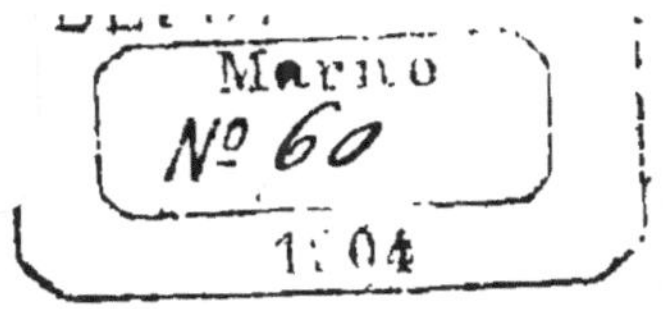

L'Abbé ETIENNE

CHOSES D'AMÉRIQUE

CHALONS-SUR-MARNE

IMPRIMERIE C. O'TOOLE, RUE D'ORFEUIL, 3

—

1904

CONFÉRENCE

FAITE

aux Élèves de l'Institution Saint-Étienne.

LE 29 FÉVRIER 1904

DE CHERBOURG & NEW-YORK

au

YELLOWSTONE

MES CHERS AMIS,

Le 1er Août dernier, mon compagnon de route et moi, nous quittions, sur un petit vapeur, le quai de Cherbourg et nous nous dirigions, à travers la rade, vers l'extrémité occidentale de la digue de Cauchy. Là nous attendait un grand steamer; il était sous pression, ses trois cheminées vomissaient des flots de fumée, il avait le cap tourné vers la haute mer et il semblait impatient de reprendre au plus vite sa course interrompue. Nous l'accostons. Nous en escaladons rapidement l'escalier à la coupée. Nous nous perdons un moment dans ses flancs à la recherche de notre étroite cabine et, quand nous sommes revenus sur le pont, le petit vapeur auxiliaire retournait déjà vers Cherbourg, l'autre, le nôtre, avait gagné le large; les côtes de France où nous laissions tant de nous-mêmes et des nôtres s'enveloppaient de brume, et, en leur disant un silencieux au revoir, nous voguions à toute vitesse vers les rivages perdus au fond de l'horizon bleu de la lointaine Amérique.

I.

Ou plutôt nous y étions déjà.

Afin de nous initier tout de suite à sa vie, l'Amérique était venue nous prendre pour ainsi dire sur les côtes de France. Le vapeur qui nous emmenait était un bateau américain. Son nom était celui d'une des grandes cités de là-bas : « Philadelphie ». Son personnel était Yankee; la langue qu'on y parlait, c'était l'anglais et il appartenait, lui, à ce Trust de la navigation que popularisait naguère parmi nous M. de Vogué dans son roman du « *Maître de la Mer* » et qui groupe six ou sept des principales Compagnies transatlantiques. Non, il n'y avait plus d'illusion possible ; ce n'était plus la France et c'était déjà l'Amérique.

Nous allions nous en apercevoir dès le soir même à la table du bord.

Au lieu de la petite cloche française, c'est le clairon qui nous appelle. Première surprise ; d'autres allaient suivre. Nous descendons à la salle à manger. On nous assigne nos places, à chacun un petit fauteuil fixe et tournant. On nous apporte le menu. Il était, du moins pour mon compagnon, en lettres quelque peu cabalistiques; mais surtout il était infini. Que prendre et que ne pas prendre? Que laisser et que choisir? Il fallut bien se décider pourtant et cela sans trop tarder; car le groom américain n'est guère plus patient que le nôtre et à la table commune, c'est chacun pour soi. Ici, en effet, l'on ne veut dépendre de personne pour se nourrir; l'on n'est à la merci ni d'un hôtelier ni de sa carte; on donne des ordres, on n'en reçoit point: tel est la méthode américaine et, dans ces riens de la vie de tous les jours, se devine, se révèle déjà l'un des principaux caractères de la race, le goût d'une légitime indépendance. Mais voici qui nous étonna bien davantage encore. Au milieu des plats plus ou moins abondants, plus ou moins variés qu'on apportait à chacun, ne s'ajoutait nulle part ni le vin à la française ni même la bière à l'allemande. Çà et là quelques verres de lait, quelques tasses de thé ou de café, surtout pour les dames; mais partout ailleurs le verre d'eau, le verre d'eau à la glace, la boisson nationale. Elle nous parut à nous, à peine sortis de France, un peu commune, un peu froide, quelque peu insipide; pourtant, à l'user, je suis venu à bout, moi du moins, — je le déclare à ma honte — à bout de toutes mes répugnances, je me suis même pour un temps réconcilié avec le verre d'eau, moins la glace, et, en y songeant, je me suis demandé sérieusement si ce régime, plutôt sévère, n'était pas en partie la source de tout ce qu'on trouve d'énergie et de vigueur de l'autre côté de l'Océan. C'est du moins, et depuis longtemps, l'avis des évêques catholiques du pays et en particulier de l'un des plus connus d'entre eux, presque un Français, Mgr Ireland. Il y a là-bas sans doute ceux qui se grisent dans les bars et dans ces cabarets tapageusement décorés du nom de « saloons » ; mais il y a aussi, et ils sont nombreux, il y a ceux qui s'abstiennent et ce sont, paraît-il, les plus maîtres d'eux-mêmes, les plus entreprenants, les plus résistants, ceux qui produisent le plus et qui en somme mènent le pays.

Le bateau allait, allait sans se lasser, sans reprendre haleine et il en serait ainsi pendant six jours. Dieu ! que ce serait monotone entre ses repas et comment passer ces longues heures d'attente et de marche, vides, indéfinies, sans but prochain et toujours entre le ciel et l'eau ? Chaque passager, même américain, avait l'air de se poser cette question et nous comme les autres. On se coudoyait sur le pont, on se croisait, on se regardait, on ne se disait rien. Avec le temps on essaya de s'aborder, on s'aborda et, la glace fondant peu à peu, il se forma, sur ces quelques mètres carrés mouvants où nous étions, une famille passagère où tous étaient chez eux. Pour nous, notre habituelle société était celle d'un ingénieur de Saint-Chamond en route pour le Mexique, d'un colonel mexicain qui retournait chez lui et de quelques prêtres canadiens ayant un ministère dans le Rhode-Island. Notre groupe, comme tout groupe qui se respecte, n'était fermé ni à droite ni à gauche ; mais il se suffisait et, quand par hasard la conversation chômait, on s'étendait négligemment sur sa chaise longue, on pensait, on rêvait, on lisait, on jouait, on cherchait du regard

une voile ou un vapeur à l'horizon, ou encore on
s'égayait des bonds capricieux d'infatigables mar-
souins qui rivalisaient un instant de vitesse avec
nous. D'autres fois, la mer remuait avec excès, le
navire tanguait, roulait et l'un ou l'autre d'entre
nous, plus ou moins mal à l'aise, disparaissait
discrètement pour revenir tôt ou tard soulagé et
guéri. On le questionnait alors avec malice, on lui
demandait des nouvelles de sa santé et il en donnait
timidement ; en échange il recevait celles du bord,
celles par exemple de la télégraphie sans fil qui
voulut bien, en plein Océan, nous apprendre l'élec-
tion de Pie X, et c'est ainsi, dans cet échange
presque incessant d'agréables entretiens comme
parmi ces petits malaises, légèrement amusants,
que nous arrivâmes un matin, avec pilote à bord,
en vue des côtes d'Amérique, à l'entrée des « Nar-
rows » et de la baie de New-York.

Elle est longue, cette baie, d'une longueur sans
fin, bien plus longue que large, et, si nous en aper-
cevons sans tarder les contours voisins avec les
forts, les homes, les bourgs, les villes qui s'y étalent,
nous en devinons à peine les fonds lointains et
encore embrumés. Mais ce que nous découvrons tout
de suite et ce qui nous domine au centre d'un cadre
merveilleux, c'est, vous le devinez, la statue de la
Liberté. Elle se dresse, haute et fière, sur un pié-
destal de 40 mètres et elle a elle-même une égale
hauteur. Son bras droit tendu porte un phare, un
phare électrique, qui, la nuit, illumine toute la baie
et à ses pieds on lit une inscription où il est question
de la liberté qui éclaire le monde, le monde où l'on

entre, le monde où l'on va mettre le pied. En passant près d'elle, en me rappelant que c'était là une œuvre française ou plutôt qu'elle venait de France, je me demandais, non sans tristesse, ce qu'il en restait en mon pays ; je jetais un regard de sympathie et d'admiration sur un groupe de religieuses, — elles étaient quarante — qui, malgré elles, avaient passé la mer avec nous et, dans le secret de mon âme, je portais envie à cette terre accueillante et bénie où l'on ne tourmente et n'opprime personne et où chacun vit à son gré, à sa guise, fût-ce même selon le Saint Evangile, au soleil réconfortant de la liberté.

Parmi ces pensées, nous approchions de la ville et elle commençait à nous apparaître nettement en son extrémité de la Battery, avec Brooklyn à sa droite et Jersey-City à sa gauche. Entre New-York et Brooklyn, un bras de mer, l'East-River et au-dessus, bien au-dessus, à 40 mètres de haut, lui aussi, reliant les deux cités, le pont suspendu de 1883, fameux dans les Deux-Mondes. Il a 1.800 mèt. de long et la travée centrale plus de 400 mèt. d'ouverture. Les câbles sur lesquels il repose portent à la fois une plate-forme pour les piétons, deux voies latérales pour les voitures, deux autres voies pour le chemin de fer et il y passe plus de 100.000 personnes par jour. Tel qu'il est, il est une merveille de solidité, mais aussi d'élégance et de hardiesse, et jusqu'alors il est sans rival. De l'autre côté, entre New-York et Jersey-City, c'est l'Hudson, un fleuve plus puissant, plus large que le Rhin et aussi pittoresque, moins les ruines, le port, le véritable port de New-York. Nous y entrions doucement, à tour d'hélice. Nous étions en eaux profondes sans doute ; mais quel enchevêtrement, quel fouillis de navires de toutes formes, de toutes couleurs, de toutes dimensions. Ici c'était un cargo-boat pesant et lent ; là un majestueux steamer, le nôtre, si vous le voulez, dédaigneux et pimpant ; à côté, un remorqueur pressé, bruyant, traînant à sa suite toute une file de bateaux ; ailleurs un ferry-boat, un bac chargé de voitures, de chevaux, de passagers et qui s'en allait d'une rive à l'autre sans souci des arrivants ni des sortants. Les eaux, toujours bousculées, étaient couvertes d'écume et, parmi cette agitation, dans ce va-et-vient incessant, il fallait bien s'avancer à pas comptés pour arriver à la jetée sans à-coup et sans heurt. Enfin nous touchions à quai, et quelque temps après, les formalités, les lentes formalités de la douane remplies, nous disions adieu à nos amis d'un jour, nous quittions le « Philadelphie », nous mettions pied à terre, nous étions à New-York.

Le lendemain était un Dimanche, jour de grand repos. La ville était calme. Aucun mouvement, aucun bruit. Les chantiers de construction, et il y en avait, étaient vides. Dans le quartier des affaires, tout était suspendu, interrompu, tout se taisait. Mon compagnon, surpris plus que moi et presque content, car la France avant tout, n'en revenait pas. « C'est cela New-York, me disait-il avec un petit air narquois de satisfaction chauvine ; New-York, mais c'est une ville morte. » A cette heure, elle ne l'était pourtant qu'à demi. Sur les trottoirs, il y avait du monde et du monde endimanché : on allait à l'église ou l'on en revenait. Nous voulûmes assister, nous, à la grand'messe dans la cathédrale Saint-Patrice, la plus belle, la plus opulente, la plus vaste église des Etats-Unis où il y en a, soit dit en passant, de fort modestes. Elle était remplie. Des hommes, des femmes, des enfants, il y avait tout un monde de fidèles.

Aussi nous étions heureux en pensant à la vitalité, à la force d'expansion de l'Eglise notre mère, aimée et servie jusque sur ces lointains rivages et se développant là, sans arrêt comme sans entraves, sous la seule sauvegarde du droit commun. Il y a un siècle, en effet, les catholiques n'étaient que 40.000 ; aujourd'hui, ils sont 12.000.000 ; ils n'étaient que le 100e de la population, ils en sont presque le 6e, et confiants en leur foi, en leur activité, en leurs œuvres, en leurs services, en leur succès, ils ne désespèrent nullement, Dieu aidant, d'être à la fin du siècle qui commence la majorité. L'Américain, vous le savez, a toutes les confiances et tous les espoirs ; pourquoi le catholique américain ne les aurait-il pas ?

L'activité qui chôme le Dimanche remplit le reste de la semaine et l'endroit où elle sévit le plus, c'est Broadway, la rue large, avec la Ve-Avenue, la principale artère de New-York ; ce sont les quartiers voisins du port. Là les tramways se succèdent sans interruption ; ils sont toujours pleins et l'on s'y accroche à ses risques et périls beaucoup plus qu'on y monte. Les robustes et placides policemens, postés çà et là au milieu de la rue, assistent sans broncher à cette habituelle prise d'assaut et ne s'en préoccupent nullement. Les voitures, les lourds camions et leurs marchandises, en se disputant le passage dans un sens ou dans l'autre, leur donnent un tout autre tracas. C'est à y perdre la tête. Ils l'ont heureusement bien plantée sur leurs larges épaules et tous obéissent à leur signe, à leurs gestes silencieux. Le trottoir reste aux piétons. Ils s'y entassent et s'y encombrent, ils s'y croisent et s'y piétinent et, comme la marche est pour l'Américain une perte de temps, un gaspillage, il cherche de tous côtés le véhicule qui pourra le conduire rapidement à ses affaires. Si le tramway lui échappe, il prend alors le chemin de fer élevé qui court dans certaines rues à la hauteur du premier étage et rend aux New-Yorkais, avec quelques risques en moins, les services de notre jeune Métropolitain à l'ouvrier, à l'employé parisiens.

Les maisons d'affaires où tout ce monde afflue, ne ressemblent guère à celles que nous connaissons autour de nous. Construites au centre du commerce et sur des terrains hors de prix, elles ont en hauteur ce qui leur manque en façade ou en profondeur. Ce sont de véritables tours de Babel ; elles se perdent littéralement dans la nue et méritent bien leur nom de gratte-ciel ou « Sky Scrapers ». Plusieurs ont de dix-huit à vingt étages et l'une d'elles même, celle qu'on appelle le fer à cheval, l' « Horse-shoe-House », en a jusqu'à vingt-huit. Des milliers de personnes y passent leurs journées. Tout ce monde s'y rencontre, y travaille, s'y rend service et des ascenseurs rapides, toujours en mouvement, y établissent une circulation verticale intense, ininterrompue. Ces hautes bâtisses, ordinairement en briques et en charpente de fer, ne sont pas élégantes sans doute ; mais elles sont pratiques et même, grâce à l'usage de larges arcs en plein-cintre qui embrassent deux ou trois étages, elles finissent par n'être plus trop disgracieuses. On trouve même des hôtels élevés sur ce modèle et personne ne s'en plaint. Le type du genre, j'aurais voulu pouvoir vous le montrer, c'est l'Astoria-Hotel. Il a 16 étages, 1500 chambres avec baignoire et toilette, 35 ascenseurs et une moyenne quotidienne de 4.000 bouches à nourrir. On y consomme chaque semaine 300 têtes de bétail, on y frappe chaque jour 5.000 carafes et on y dépense par an 260.000 fr. d'eau. L'électricité y fonctionne et elle y travaille, car la domesticité est rare et se paie cher, elle y travaille plus que personne. Elle moud le café, coupe la viande, lave la vaisselle, repasse le linge, imprime le mouvement aux horloges, éclaire, appelle, fait pour ainsi dire toutes les besognes. C'est, n'est-il pas vrai, le dernier mot du machinisme comme du confort.

Mais, en dehors de ces singulières bâtisses et de quelques églises, il ne faut guère chercher, même à New-York et j'allais dire, avec quelques réserves, dans le reste de l'Amérique, de monuments d'architecture comparables aux nôtres. Au moment où nos ancêtres édifiaient nos cathédrales, construisaient nos palais, élevaient nos châteaux, l'Américain n'existait pas encore ou commençait à peine l'exploitation de son vaste domaine. Il ne convient donc pas de lui demander ce qu'en ce genre il n'a pas eu jusque-là le temps de nous donner.

II.

Après avoir passé ainsi quelques jours à New-York, nous nous rendîmes un soir à l'Union-Dépôt ou gare centrale, afin de prendre le train du Niagara.

Les chemins de fer, et nous allions suivre l'un des meilleurs, sont, là plus qu'ailleurs, la fortune du pays.

Lorsque vinrent les premiers colons anglais, au commencement du XVIIe siècle, ils s'établirent sur les côtes de l'Océan et s'y fixèrent. Ils ne voulaient pas, ils ne pouvaient pas, tout en cultivant leurs nouvelles terres, perdre le contact avec la mer et cesser ainsi de fait toute relation avec « le vieux pays » dont ils avaient encore besoin. Les colons français du Canada, leurs aînés avant d'être leurs victimes, n'en avaient pas agi autrement. S'ils étaient allés plus loin vers l'intérieur, héroïques missionnaires, hardis trappeurs, pionniers infatigables, c'était en suivant le cours des fleuves, en remontant le Saint-Laurent ou en descendant le Mississipi. Mais ni les uns ni les autres ne s'étaient aventurés dans l'Ouest par terre au-delà de l'Alleghany et personne surtout ne s'était engagé dans les savanes vers les Montagnes Rocheuses et le Pacifique : ces solitudes immenses, peuplées de fauves et d'Indiens, inspiraient l'effroi aux plus résolus et la sagesse, la prudence la plus élémentaire commandaient d'assurer ses derrières.

Avec les chemins de fer, tout changea. Construits

à l'envi par la libre concurrence, car en Amérique
on compte sur soi et non sur l'Etat, ils se dévelop-
pèrent avec un entrain, une rapidité, une suite
vraiment extraordinaires, si bien qu'aujourd'hui,
après cinquante ans à peine, leur réseau aux mailles
serrées recouvre le pays tout entier. Triomphant de
tous les obstacles, ils ont pénétré partout. Ils courent
nombreux du Nord au Sud, ils s'allongent en rubans
infinis de l'Est à l'Ouest et, en se multipliant ainsi,
ils sont arrivés au chiffre formidable de 310.000 kil.,
80.000 lieues, plus que dans l'Europe entière.
Admirables instruments de pénétration, ils amènent
avec eux le colon ; des bourgs, des villes jaillissent
aussitôt du sol, alentour les solitudes s'exploitent et
s'animent et du jour au lendemain c'est l'aisance,
c'est la fortune, c'est la prospérité. Malgré tous ces
services, les chemins de fer américains ont, en
Europe du moins, une assez médiocre réputation.
Ils ne la méritent pas ou plutôt ils méritent mieux.
Un coup d'œil un peu superficiel trouve, il est vrai,
facilement à y reprendre. Ils se coupent volontiers à
angle droit, souvent aucune barrière ne les protège,
un simple poteau indique seul au passant qu'il va
traverser la voie, la voie elle-même n'a pas le fini,
la perfection que réclame le goût français et les
ponts légers, parfois quelque peu branlants, donnent, en les traversant, une certaine inquiétude,
un frisson instinctif. Mais en y regardant de plus
près on s'aperçoit vite que l'essentiel n'y manque
jamais et qu'on peut en user en toute sécurité en
s'abandonnant à l'habileté, à la vigilance, à l'esprit
pratique des ingénieurs.

C'est du reste ce que nous allions faire à notre tour ; car de voiture en voiture on entendait déjà un peu partout le cri habituel des départs : « On board » à bord, et, sans autre avertissement, le train quittait New-York.

Nous avions pris place dans un Pullmann-car. Il n'existe en Amérique qu'une classe et elle est confortable. Mais en dehors de cette classe unique, on trouve, pour les trajets plus considérables, ces voitures spéciales de 25 mèt. de long, fort soignées, bien suspendues et qu'on appelle les Pullmanns. Elles appartiennent à la maison, j'allais dire à la cité qui les fabrique, elles ont chacune leur nom et elles circulent sur toutes les lignes, dans certaines conditions, avec l'agrément des compagnies. On en distingue de plusieurs sortes. Il y a le sleeping-car, la voiture type, ingénieusement combinée, avec fumoir et toilette aux extrémités, où l'on passe la journée au large et où l'on dort la nuit dans une sorte de dortoir à compartiments étanches ; il y a aussi le dining-car ou wagon-restaurant où l'on prend vers 7 h. du matin le copieux « breakfast », à midi le « lunch » léger et le soir, de 6 à 8 heures, le plantureux « dinner » ; il y a aussi le parlor-car, sorte de salon avec fauteuils mobiles, larges et moelleux ; il y a enfin l'observation-car, wagon d'observation où l'on peut à loisir, sur de légers fauteuils d'osier tressé, contempler, en queue du train, le paysage qui se déroule et qui fuit. Il arrive parfois que le train entier se compose de Pullmanns et que la locomotive seule appartient au chemin de fer. C'est alors un train de luxe, extra-rapide, ordinairement transcontinental et dans ce cas il n'est pas rare que le voyageur ait quelque part à sa disposition une cabine téléphonique qui le laisse, pendant tout le trajet, en communication avec les siens et surtout avec ses affaires. L'Américain, comme vous le voyez, ne s'est pas contenté de mettre la voiture sur rail ; il y a mis l'hôtel, il y a mis la maison et il y trouve à peu près toutes les commodités de son home.

Dans le sleeping-car ou nous étions installés, le nègre qui en avait la charge, le « porter », comme on l'appelle, commençait sa besogne du soir, c'est-à-dire transformait la voiture en dortoir.

Les nègres, ne soyez pas surpris d'en voir un avec nous, sont fort anciens dans le Nouveau-Monde, presque aussi anciens que les blancs. Les premiers planteurs sont allés les chercher sur les côtes d'Afrique pour la culture de la canne à sucre et du coton, la traite en a fait des esclaves et, jusqu'à la guerre de Sécession entre le Nord et le Sud, ils ont vécu dans leur pauvre case, « la Case de l'Oncle Tom », ou sur leur champ de travail, pareils à des bêtes de somme, peinant du matin jusqu'au soir, souvent maltraités, fouettés quand même et tenus, de parti-pris, dans une ignorance honteuse et une douloureuse immoralité. C'était une ignominie. Grâce au Président Lincoln, elle a pris fin, et depuis près de quarante ans, le noir, « l'homme de couleur », est libre comme vous et moi. Mais un simple décret, vous vous en doutez un peu, ne saurait transformer une race en un jour et ces pauvres nègres, presque tous indifférents en religion ou protestants, — sur 10.000.000, 200.000 seulement sont catholiques — sont aujourd'hui encore d'une condition fort inférieure. Le blanc n'a pas de relations avec eux ; il ne les fréquente pas. Il les tient à l'écart de la politique où tout le monde pourtant n'a pas les mains propres. Dans la vie ordinaire, il les relègue dans leurs hôtels, dans leurs wagons, dans leurs églises, dans leurs écoles, dans leurs quartiers et, en dépit des plus louables tentatives pour élever leur race, toutes les besognes pénibles, tous les travaux vulgaires de la vie domestique, du commerce, de l'industrie leur demeurent réservés. Ce sont des citoyens de second ordre. Le nôtre, celui qui s'occupe de nous, est en tout cas un privilégié. Il vient d'achever nos lits ; demain il les défera. Il nous rendra quelques autres menus services, cirera nos chaussures, nous brossera, nous ép[o]ussetera avec soin, nous présentera le petit escabeau de la descente, descendra notre valise et sa tâche sera terminée. Si j'ajoute que nous lui laisserons tous un pourboire, avouez qu'il en est assurément de plus à plaindre que lui.

La nuit s'était passée sans y penser et déjà nous étions à Niagara-Falls.

Nous entendions depuis quelque temps un bruit sourd et puissant et il nous tardait de jouir du spectacle lui-même, d'en remplir nos yeux. Le temps de choisir un hôtel et déjà nous étions devant la chute. Imaginez une sorte de bras de mer aux eaux tumultueuses et profondes, emporté dès sa sortie du lac Erié de rapide en rapide, tombant tout à coup, après mille heurts et mille remous, d'une

hauteur de 50 mètres et plongeant en masse, avec
un fracas formidable, comme dans un abîme sans
fond : voilà, dans, sa simplicité grandiose, la cataracte du Niagara. Une île, l'île des chèvres, « Goat-
Island », la coupe en deux parties. La partie américaine est moins considérable ; elle n'a que 300 mèt.
de large, et elle est uniforme ; elle dévale à pic sans
le moindre plissement. La partie canadienne au
contraire est aussi irrégulière qu'elle est énorme.
Elle a 600 mètres de front et ressemble assez à un
fer à cheval. On dirait, celle-là, une immense et
gigantesque chaudière en ébullition. Des nuages de
poussière argentée s'en dégagent sans cesse et, sous
le soleil, ils dessinent, dans leurs légers tourbillons,
dans les plis et replis de leur gaze impalpable, des
arcs-en-ciel sans nombre et de toute beauté, qui se
jouent entre eux, se forment, se déforment et se
déplacent sans cesse pour le plaisir des yeux. Nous
subissons à notre tour la fascination de ce spectacle
inouï ; nous voudrions, s'il se peut, l'approcher de
plus près, nous voudrions pour ainsi dire le toucher
et, en entendant l'appel soudain et strident d'un
petit bateau d'en bas qui répondait par hasard à
notre désir, nous descendons à la hâte et, sans
aucune hésitation, nous nous embarquons pour la
chute. Le flot était démonté, nous courions sur la
vague et une buée de plus en plus dense inondait le
« surroit » que nous avions endossé... et nous aveu-
glait. Mais n'importe, nous étions déjà au milieu de
la scène elle-même, elle nous enveloppait, elle nous
assourdissait, elle nous accablait, elle nous écrasait,
elle était pour ainsi dire à nous comme nous étions

à elle, nous en jouissions dans toute sa sauvagerie,
dans toute sa grandeur et, quand nous sommes
revenus après en avoir rassasié ainsi tous nos sens
et notre âme, nous étions trempés sans doute, mais
enthousiasmés.

Niagara-Falls, c'est la cataracte ; mais en dehors
de la cataracte, il n'y a rien.

En route donc pour Chicago.

Chemin faisant, nous longeons au sud du lac Erié
les champs de pétrole de Pensylvanie. A distance et
un peu partout sur l'horizon, on croirait apercevoir
une forêt de vieux pins, débarrassés de leurs bran-
ches et noircis par le feu. Ce sont des pyramides
artificielles en bois et sous ces pyramides se cachent
autant de puits. Une tarière puissante a foré chacun
d'eux et du fond le liquide monte et se déverse çà et
là dans des bassins voisins. C'est ce qu'on appelle le
naphte. Des tuyaux sans fin, les « pipe-lines », le mènent directement dans les ports principaux du littoral
atlantique. Là, des raffineries le reçoivent, l'épurent,
le distillent et, quand on en a retiré les sous-pro-
duits, la vaseline, les huiles grasses, la cire et quelques autres, il reste le pétrole proprement dit qui,
avec le pétrole russe de Bakou, éclaire pour sa part
le reste du monde. La vente est tout entière entre les
mains d'un seul, de Rookfeller, le roi du pétrole,
comme Carnegie est le roi de l'acier, Wanderbilt le
roi des chemins de fer, et Armour, l'un des « big-
four », des quatre géants de Chicago, le roi de la
viande : hommes splendides, disent les Américains,
qui les enrichissent en s'enrichissant eux-mêmes,
mais qui les honorent et dont ils sont fiers parce

qu'ils montrent une fois de plus la puissance, les énergies fécondes et toutes les ressources de la race.

Chicago, où nous descendons et où nous trouvons sur le front du lac l'Auditorium-hôtel en tout semblable à l'Astoria, est vraiment la New-York de l'Ouest, moins élégante, moins européenne, moins peuplée encore, mais placée, elle aussi, sur une mer, une mer intérieure, le lac Michigan, grand comme la moitié de la France, et aussi active, aussi affairée, aussi commerçante, la capitale de l'Ouest, du Far-Ouest, comme l'autre est la capitale de l'Est. Sa rue principale est la State-Street, et l'un de ses principaux monuments, le Post-Office.

Elle est plutôt connue parmi nous par les souvenirs de sa dernière exposition ; elle l'est en Amérique par la renommée de ses abattoirs ou Stock-Yards. Ils sont immenses. Châlons tout entier y serait plusieurs fois à l'aise ; ceux de la Villette, destinés à Paris seulement, s'y perdraient et ils contiennent des milliers de porcs, de moutons et de têtes de bétail. On tue chaque jour plus de 10.000 de ces pauvres bêtes et l'on peut assister à son gré, grâce à une administration fort courtoise, à quelques-unes de ces sanglantes opérations. Les porcs sont lamentables. On les amène en masse et en musique dans une salle d'attente, Une chaîne, un crochet les saisissent tour à tour et les suspendent, à quelques mètres de haut, à une tige de fer inclinée ; ils glissent les uns après les autres devant le boucher qui les égorge ; la musique redouble ; on les lave, on les échaude, on les épile, on les ouvre mécaniquement, de grands diables armés de couperets énormes leur

abattent les quatre membres, leur partagent le corps
en deux et en une demi-heure environ ils sont prêts
à être mis en vente. Il n'en faut pas plus pour
débiter un bœuf. Ces puissants animaux, à l'œil
vague et placide, sont poussés dans un long couloir
divisé en box. Un assommeur se promène au-dessus
d'eux sur une plate-forme parallèle et quand l'un
d'entre eux se tourne niaisement vers lui, il l'abat
d'un vigoureux coup de massue asséné entre les
deux cornes. L'animal tombe. On le saisit, on le
suspend par les pieds de derrière, on lui coupe la
tête, on le dépouille, on le vide, on en fait deux
quartiers et il peut alors, lui aussi, être envoyé au
marché.

Toutes ces viandes, celles de mouton comprises,
reçoivent immédiatement une double destination.
En dehors de celles qui se consomment sur place,
on les range dans des wagons réfrigérants qui
les emportent aux quatre coins du pays, on les
expose dans les boucheries locales et là on les débite
au client; ou encore elles passent dans les fabriques
de conserve « packing-houses », sont soumises à la
cuisson, mises en boîtes, expédiées et elles nous
arrivent, en Europe même, sous les formes les plus
diverses. En ces derniers temps, c'était la Russie,
c'était le Japon qui, avant d'en venir aux mains,
faisaient les plus fortes commandes.

III.

De Chicago, notre itinéraire nous conduit plus au nord, vers Saint-Paul et Minnéapolis, deux villes voisines, deux cités sœurs, nées pour ainsi dire d'hier et déjà aussi peuplées à elles deux que Lyon ou Marseille.

Nous traversons aussitôt une contrée agricole, une région de « farmers », l'une des plus fertiles du pays. La petite culture à la façon française nous paraît inconnue. Point de ces petites pièces soignées avec amour, adoucies, amollies, entretenues comme un jardin ; nulle part de ces champs courts aux limites précises, aux formes géométriques, enchevêtrés les uns dans les autres et qui sont souvent, entre voisins, une mine d'inépuisables chicanes ; mais partout, autour d'une habitation plutôt modeste, sans granges ni greniers, partout la grande exploitation d'un seul tenant. Les fermes, aux mains d'Allemands, de Suisses, de Scandinaves et rarement de Français, ont d'ordinaire 200 hectares, souvent 1.000 et quelquefois jusqu'à 20.000. On y cultive la betterave et on la fournit aux sucreries, le chanvre et il se transforme en cordages, en ficelles pour lieuses, le maïs et il sert à l'alimentation de l'homme et du bétail comme à la fabrication du whiskey, le blé enfin et il s'entasse, en attendant la vente, en ces disgracieux élévators à plusieurs étages, greniers publics du « farmer », ou encore on l'écrase dans ces moulins de

Saint-Paul-Minnéapolis où nous arrivons et qui produisent jusqu'à 27.000 quintaux par jour et nourrissent, eux aussi, l'Amérique et le monde entier.

A Saint-Paul, nous sommes au cœur du Minnesota. La ville en est la capitale. Elle a son Capitole où se réunissent les deux Chambres de l'Etat. Elle a mieux : elle a son fleuve, le Mississipi, déjà navigable à 4.000 kilom. de son embouchure : elle en est fière. Mais elle ne l'est pas moins des résidences de ses principaux industriels ou commerçants. L'Américain des villes passe sa journée, sa journée entière, au centre de la cité, dans le quartier des affaires. Ce n'est pas là pourtant qu'il habite et, lorsqu'il peut échapper à la pension ou « boarding-house », même à la vie d'hôtel, il réside ailleurs, au-dehors pour ainsi dire, dans un home à lui et parmi les siens. C'est là qu'il se repose de ses tracas, c'est là qu'il se plaît entre deux journées de labeur, c'est là qu'il vit pour quelques heures des douceurs et des charmes de son foyer et il le veut gracieux, agréable, pacifiant. A Saint-Paul en particulier, les résidences de Summit-Avenue, que nous avons visitées, sont des modèles de confort, d'originalité et de bon goût.

En sortant de Saint-Paul, c'est tout de suite la savane, tout de suite la prairie ; on entre en plein Far-Ouest, en pays d'élevage. De loin en loin des ranchs et en chacun d'eux des milliers de têtes de bétail. Le ranch est un morceau de prairie de quelques lieues de côté. Il est ordinairement plat ; mais toujours se cachent quelque part une vallée qui sert d'abri contre les vents d'hiver et un ruisseau, un coin de rivière qui sert d'abreuvoir. Là se tient le troupeau.

Près de lui veillent le « ranchman » et ses rudes « cowboys ».

La vie que mènent ces gens est des plus fortifiantes puisque le président Roosewelt lui-même y a trouvé, paraît-il, sa vigueur et ses muscles ; mais elle est aussi des plus dures, même lorsque par hasard ils s'adonnent à leur passion de la chasse. Toujours à cheval, ils gardent le bétail et chaque jour, pour ménager le pâturage, ils le conduisent d'un endroit dans un autre. Ils sont sans cesse sur le qui vive. Tantôt c'est un animal méchant qu'ils abattent et qu'ils domptent de leur lazzo, tantôt c'en est un autre qu'ils tirent en hâte d'un pas dangereux et tantôt c'est la masse entière qu'il s'agit d'arrêter dans sa course folle et sans but. Pour eux, jamais de repos tranquille, même la nuit, jamais de sécurité complète puisque, quand le troupeau est en paix, c'est le voleur, le Blanc ou l'Indien, qu'il faut épier, écarter ou saisir à tout prix. Aussi quand, après la revue de Septembre et la vente de fin d'année, ils se rendent à la ville prochaine, on comprend, on s'explique à demi leurs folies, leurs écarts, leurs excentricités. Ils se détendent pour ainsi dire les nerfs avant de retourner à la besogne et se comportent assez à la façon de nos marins entre deux navigations.

· Leur voisin, souvent aussi leur ennemi, c'est l'Indien. L'Indien a par là, entre les derniers ranchs que nous venions de traverser et les Montagnes Rocheuses, quelques-unes de ses réserves. Mainte-

nant fort à l'étroit, il était autrefois le maître du
pays. Tout lui appartenait. Le vaste continent était
son domaine incontesté et il le parcourait en liberté,
n'ayant, avec les fauves, d'autres ennemis que ceux
de sa race. La pêche, la chasse, étaient son plaisir
favori. Elles étaient son unique préoccupation, le
meilleur de sa vie. Assis dans son léger canot
d'écorce, il naviguait sur les fleuves et les lacs,
toujours à la recherche d'une prise nouvelle ou bien
s'égarant au loin dans la prairie, s'enfonçant dans
la forêt avec son tomahawk, son arc, ses flèches et
le couteau du scalp, il culbutait le bison, abattait le
daim, tuait l'antilope et chargé de butin, assuré du
lendemain, s'en revenait à son wigwam fumer le
calumet de la paix. Il vécut ainsi dans ces joies
primitives et sans autre idéal jusqu'à l'arrivée des
« Figures pâles » et alors tout changea. Il lutta
contre les nouveaux venus. Il lutta, et Fénimore
Cooper a écrit cette Iliade de la race rouge ; il lutta,
comme les désespérés et les faibles, tour à tour rusé,
cruel, intrépide, héroïque. Mais décidément les
chances étaient trop inégales et à la fin, acculé dans
ses dernières retraites, là où nous sommes, il céda.
Aujourd'hui, il est toujours là, mais combien réduit:
les Indiens ne sont plus que 300.000, et surtout, dans
sa fierté, combien silencieux et triste. Avec son cha-
peau de feutre noir, car il ne porte plus la couronne
de plumes d'aigle ni le brillant costume des jours
heureux, avec ses cheveux noirs tombant de chaque
côté de la face, avec son regard sombre, sa démarche
lente et grave, il a bien l'air d'un vaincu ou tout au
moins d'un résigné. Il ne chasse plus ou presque

plus, il travaille peu, il se contente de vivre vaille
que vaille de la pauvre pitance que lui sert son
vainqueur et en se convertissant peu à peu à la foi
des « robes noires » toujours aimées, il semble
n'avoir plus guère pour sa race que les espérances,
les suprêmes espérances de l'au-delà.

Avec lui nous touchions enfin aux Montagnes
Rocheuses, ces Alpes du Nouveau-Monde, et dans
les Montagnes Rocheuses, au parc national du
Yellowstone, à la région des geysers, par où cette
fois je voudrais finir.

Les geysers sont des jets intermittents d'eau
chaude ou de boues multicolores, dus à des causes
volcaniques, et qui sortent de cratères plus ou
moins réguliers, plus ou moins larges, plus ou
moins profonds. Le Yellowstone en est rempli. Il
y en a çà et là des centaines autour desquels meurt
toute végétation. Ils affectent, quand ils jouent,
toutes les formes, ils atteignent toutes les hauteurs
et ils ont souvent une puissance, un volume incal-
culables. Par exception, le Mammoth-Hot-Springs
s'écoule en cascade sur une série de gradins. Mais
l'un d'eux, le « Vieux Fidèle », pousse, et nous
l'avons vu, sa gerbe audacieuse à trente-cinq mètres
de hauteur et non loin de là, quelque temps après,
le « Riverside » ne jaillissait, il est vrai, qu'à vingt-
cinq mètres environ ; mais quelle abondance, quelle
fougue et quelle vigueur ! Ailleurs un « pot de pein-
ture », un peu lourd, un peu essoufflé, projetait
péniblement ses flots de boue aux couleurs variées,
et de toutes parts s'élevaient vers le ciel des nuages
de blanches vapeurs. Tout ce bruit, toute cette

agitation finissent cependant par se calmer ; mais devant soi, derrière soi, autour de soi, on continue à entendre des grondements sourds qui effraient. L'immense marmite reste en travail et tout à l'heure l'eau, tourmentée encore, s'échappera de nouveau comme par autant de soupapes de sûreté.

** **

Dans cette revue partielle et bien incomplète des beautés, des ressources, des transformations, des mœurs d'un grand pays, vous avez vu partout l'Américain à l'œuvre et vous êtes, j'en suis sûr, porté, comme moi, à l'admirer.

Il ne faudrait pas cependant, pour me servir d'un mot de Montaigne, l'admirer jusque dans ses verrues. Il n'est pas sans défaut et il en a même de particulièrement désagréables. Il n'est pas modeste et il a le patriotisme rodomont et encombrant ; dans sa courte histoire, il lui est arrivé déjà d'avoir la main lourde à l'égard des faibles ; enfin il n'est pas toujours cultivé, il n'est pas toujours élevé. Chez lui par exemple comme en public, il éternue bruyamment, il siffle, il chique, il crache et il met volontiers, lorsqu'il est assis, les pieds quelque part à la hauteur de son menton, voire même sur le manteau de la cheminée : rien ne ressemble moins, comme vous le voyez, aux manières élégantes et polies de ce que notre xviie siècle appelait « l'honnête homme ».

Mais sous ces dehors plutôt communs et qui s'affineront, l'Américain a des qualités précieuses et solides, une entre autres, la passion, le culte de l'action et c'est par elle assurément qu'en un peu plus d'un siècle il a fait autour de lui des merveilles.

Si vous avez quelque chose à lui emprunter, empruntez-lui, vous, le goût de l'initiative et de l'action. Aimez l'action comme lui. Aimez-la sous toutes ses formes. Aimez l'action intellectuelle et morale, le travail de l'esprit et le travail de l'âme. Aimez l'action sur les autres : aujourd'hui, demain, ayez de l'influence autour de vous et pour cela rendez-vous dès maintenant les mille et un services de la bonne camaraderie. Aimez aussi, le moment venu, aimez et recherchez l'action, les succès professionnels et, dans cette sphère particulière, allez au bout de vos aptitudes, faites-leur rendre tout ce qu'elles peuvent, tout ce qu'elles doivent ; même en cela ne soyez inférieurs à personne, ... à l'américaine.

Châlons, imp. C. O'Toole